Christian Lorenz

Glaube-Eine persönliche Erfahrung

AF523204

Christian Lorenz

Glaube-Eine persönliche Erfahrung

Fromm Verlag

Imprint

Any brand names and product names mentioned in this book are subject to trademark, brand or patent protection and are trademarks or registered trademarks of their respective holders. The use of brand names, product names, common names, trade names, product descriptions etc. even without a particular marking in this work is in no way to be construed to mean that such names may be regarded as unrestricted in respect of trademark and brand protection legislation and could thus be used by anyone.

Cover image: www.ingimage.com

Publisher:
Fromm Verlag
is a trademark of
International Book Market Service Ltd., member of OmniScriptum Publishing Group
17 Meldrum Street, Beau Bassin 71504, Mauritius

Printed at: see last page
ISBN: 978-620-2-44248-0

Copyright © Christian Lorenz
Copyright © 2018 International Book Market Service Ltd., member of OmniScriptum Publishing Group
All rights reserved. Beau Bassin 2018

Glaube - Eine persönliche Erfahrung

Fragt man danach, ob alle Religionen einen gemeinsamen Nenner haben, fällt einem vermutlich zuerst die Frage nach dem Sinn des Lebens ein. Egal ob Buddha, Moses, Jesus oder Mohammed: Von außen betrachtet hatten sie alle die Absicht, den Menschen um sich herum zu zeigen, wie man Glück finden, was man tun oder lassen sollte, wie man in Beziehung zu Gott treten kann bzw...ob es Gott überhaupt gibt.

Aber es gibt noch weitere Gemeinsamkeiten. Hindus, Buddhisten, Muslime, Juden und Christen gehen davon aus, dass das, was ein Mensch auf der Erde tut, Auswirkungen auf das Leben nach dem Tode bzw. sein nächstes Leben haben wird.

Es gibt also überall eine Art von Himmel und Hölle, auch wenn diese jeweils unterschiedlich definiert sind. Eine Ausnahme bildet der Konfuzianismus, der sich rein auf das Diesseits beschränkt.

Juden, Muslime und Christen glauben an einen personifizierten Gott, der den Menschen geschaffen hat. Die Welt hat einen Anfang und ein Ende, und alles, was in der Welt geschieht, hat einen Bezug zu Gott.

Darüber hinausgehen diese drei Religionen davon aus, dass Gott sich dem Menschen in Buchform offenbart hat. Hindus und Buddhisten haben gemeinsam, dass ihre Religion keinen Absolutheitsanspruch haben und andere Religionen und religiöse Ausrichtungen in sich integrieren können.

Sowohl im Islam als auch im Judentum, im Buddhismus und im Hinduismus gibt es Speisegesetze. Buddhisten und Christen legen jeweils starken Wert auf Mitgefühl bzw. Nächstenliebe der Schöpfung und den Mitmenschen gegenüber.

Das Wort `Glaube` bezeichnet hier eine Grundhaltung des Vertrauens, vor allem im Kontext religiöser Überzeugungen.

Während der ähnliche Begriff "Religiosität" die Ehrfurcht vor der Ordnung und Vielfalt in der Welt und die allgemeine Empfindung einer transzendenten (nicht erklär- oder beweisbaren) Wirklichkeit meint, beinhaltet "Glaube" das Überzeugt sein von der Lehre einer konkreten Religion oder Philosophie.

Soweit die Definition des Begriffs "Glaube" auf Wikipedia.

Doch was macht den wahren Glauben aus? Ist Glaube an eine Religion gebunden oder sitzt das Gefühl oder die Empfindung des Glaubens in uns selbst?

Eine nicht unwichtige Rolle spielt hierbei meiner Meinung nach die Prägung, die irreversible Form des Lernens.

Der "Glaube" ist die Grundlage unseres täglichen Handelns, geformt aus individuellen Interpretationen aus vergangenen Erfahrungen und Erlebnissen.

Er ist der Ausdruck von Theorien oder Modellen, die sich in unserem Inneren befinden. Wir benötigen ihn, um uns in der Welt, die uns umgibt, orientieren zu können. Seine Theorien oder Modelle stehen in enger Verbindung mit unseren Werten.

Dieser „Glaube“ beeinflusst was wir wahrnehmen oder denken. Die Glaubenssätze, die man uns in unserer Kindheit vermittelt, prägen uns für den Rest unseres Lebens. Außer man befreit sich von diesen festgelegten Glaubenssätzen.

Ich komme aus einer protestantisch geprägten Familie. Mein Urgroßvater war Mesner, meine Großmutter engagierte sich in der Gemeinde und war aktiv im Kirchenchor tätig. Der protestantische „Glaube“ wurde durch meine Großeltern in unserer Familie aktiv gelebt und „zelebriert“. Das prägte mich meine gesamte Kindheit hindurch, ich wuchs praktisch „evangelisch“ auf.

Mein Glück, wenn man es so nennen darf. War, dass mein Vater, auf dem Papier „Katholik“, eher ein Freidenker war. Ihm habe ich es zu verdanken, diesen prägenden Abschnitt meiner Kindheit hinter mir gelassen zu haben.

Mit vierzehn Jahren wurde ich konfirmiert, ab dann begann ich „eigenständig“ zu denken und den gelernten, implizierten „Glauben“ zu hinterfragen. Jede Religion oder Glaubensrichtung behauptet von sich, die einzig „wahre“ Religion oder Glaubensrichtung zu sein. Fragen diesbezüglich wurden abgeblockt oder schroff abgewiesen. „Das ist halt so…“ war die gängige Antwort.

Mir war damals schon klar, dass es etwas geben musste, aus nichts konnte nichts entstehen. Ich nannte es das „Gute“. Auch war ich davon überzeugt, dieses „Gute“ in jedem Menschen zu finden, sei es auch noch so wenig ausgeprägt.

Im Laufe der Zeit befasste ich mich mit sämtlichen Religionen und Glaubensrichtungen, dem Christentum, dem Islam, dem Hinduismus und dem Buddhismus. Für mich selbst kam ich zu der Überzeugung, dass die Lehre vom Karma und von der Wiedergeburt die überzeugendste Lehre war. Diese Lehre ergab für mich einen tief ergreifenden Sinn. Das was man Sät, wird man Ernten, meine Taten, positiv oder negativ, werden irgendwann auf mich zurückfallen.

Ich war verwundert darüber, dass im Christentum das Thema Reinkarnation und Wiedergeburt keinen Platz fand. Erst als ich mich näher mit den Apokryphen beschäftigte stieß ich darauf, dass die Reinkarnation eine grundlegende Lehre des Urchristentums war.

Die Apokryphen sind Schriften jüdischer bzw. christlicher Herkunft, die nicht in einen biblischen Kanon aufgenommen wurden. Sie stammen aus der Zeit 200 bis 400 nach Christus.

Die Reinkarnation steht im Zusammenhang mit dem Gesetz von „Saat und Ernte“, das auch die Gerechtigkeit beinhaltet.

Jesus von Nazareth und den ersten Urchristen war dieses Gesetz von Saat und Ernte vertraut. Die Anwendung des Satzes „Was der Mensch sät, das wird er ernten“, der sich in der Bibel findet (Galater 6,7) ist hierbei der entscheidende Schlüssel.

Jede Tat, jedes Wort, jeder Gedanke ist hier von erheblicher Bedeutung und spielt eine lebensentscheidende Rolle. Was wir tun, reden, denken und empfinden ist die Saat im Acker unseres Daseins. Und nichts geht dabei verloren, weder die positive noch die negative Energie. Haben wir positives gesät, wird positives auf uns zurückkommen. Haben wir negatives gesät bekommen wir trotzdem immer wieder die Möglichkeit, unser Fehlverhalten zu korrigieren. Wir haben die Chance zur Umkehr und diese negative Saat zu bereinigen.

Der Schlüssel hierzu ist die Wiedergutmachung, die Vergebung und das Verzeihen. Sobald man seine Verfehlung einsieht, akzeptiert und die Folgen nach Möglichkeit wiedergutmacht, ist uns unser Fehltritt von Gott verziehen. Es braucht keinen Priester, keine Beichte, kein Ritual. Das einzig Entscheidende ist die Akzeptanz unseres Fehltrittes und die Behebung der Folgen. Die Dogmen oder Rituale verschiedener Religionsgemeinschaften, sei es in der katholischen- oder in der evangelischen Kirche, sind nach meiner festen Überzeugung nicht nötig. Alleine die innere Abkehr von der Verfehlung, die Einsicht und die Wiedergutmachung reichen aus, und Gott wird diese „Sünde“ vergeben.

Gott ist ein liebender. Kein strafender Gott. Gott versteht die Sünden und

Verfehlungen der Menschen, sie sind eben „menschlich". Der Mensch ist kein Gott, Fehler zu machen gehört zu seiner Evolution. Warum aber präsentieren uns viele Religionsgemeinschaften Gott als einen strafenden „Wüterich", vor dem man Angst haben muss?

Über viele Jahrhunderte wurde verbreitet, dass Gott getrennt von uns irgendwo auf seinem Thon residiert und als unbarmherziger Richter eines Tages darüber entscheidet, ob wir in den Himmel kommen oder bestraft werden. Damit wir ihn wohlgesinnt stimmen, müssen wir seine Gebote einhalten, versuchen, keine Sünden zu begehen und in „Gottesfurcht" verharren. Tun wir das nicht, laufen wir Gefahr, in der ewigen Verdammnis oder zumindest im Fegefeuer zu landen. Die Kirchen nutzten und nutzen dieses Gottesbild, um Druck auf die Gläubigen auszuüben und sie in ihrer Gemeinschaft zu halten. Das Denken über diese Thematik soll man doch bitte den Priestern überlassen. In den letzten Jahrzehnten hat sich zum Glück vieles getan und die alten Glaubensgrundsätze wurden von immer mehr Menschen hinterfragt und in Zweifel gestellt. Selbst Jesus von Nazareth hat dieses Gottesbild nicht vertreten. Er sagte: „Gott ist Liebe, und wer in der Liebe bleibt, bleibt in Gott und Gott bleibt in ihm." (1. Joh. 4,16).

Gott ist kein von den Menschen getrenntes, strafendes Wesen, vor dem wir uns fürchten müssen. Gott ist in uns, nicht irgendwo weit weg in den Himmlischen Sphären. Jeder trägt Gott in sich, fühlt und spürt ihn. Gott drückt sich nicht durch das Gefühl von Furcht und Angst aus, er ist erfahrbar in der Form von Liebe und Licht. Wer das erkannt hat, ist frei von veralteten, hindurchflössen Gottesvorstellungen.

Doch muss man einer bestimmten Konfession angehören, um zu „Glauben“?

Die sogenannte Konfessionslosigkeit kann als Spätwirkung einer Umwälzung der Naturwissenschaften gedeutet werden. Diese Umwälzung geht auf den Beginn der Neuzeit zurück und hat sich in den Jahren vor dem 1. Weltkrieg nochmals radikal beschleunigt. Die Industrialisierung in den technisch fortgeschrittenen Ländern prägt seit dem den Alltag der Menschen. Die Wissenschaft und die Erkenntnisse der Forschung liefen den Religionen und ihren Glaubensgrundsätzen den Rang ab. Mit anderen Worten: Wunder wurden entzaubert.

Angesichts dieser Herausforderung gewinnt die Philosophie ein neues Verständnis von Religion und Spiritualität und findet Antworten, die nicht mehr in das überlieferte Schema der Konfession passen.

Wenn sich über einen längeren Zeitraum hinweg ein Aufstieg und Niedergang der Religionen zeigt, stellt sich rückblickend die Frage:

Ist unser Denken, Wissen und Glauben nichts weiter als ein komplexer Vorgang im Gehirn, der im Verlauf der Evolution dem Menschen einen Vorteil verschaffte, weil Wesen, die an einen Gott glauben, mehr Kinder zeugen als Wesen ohne Glauben? Studien belegen, dass gläubige Menschen mehr Kinder bekommen als Konfessionslose. Werden die Zahlen genauer betrachtet, dann zeigt sich weltweit von 1950 bis 2010 ein Rückgang der Anzahl der Kinder je Frau von 5 auf 2,5. Wird das nach Religionszugehörigkeit differenziert, dann lag 2010 die Rate bei den Muslimen mit 3,1 am höchsten, gefolgt von den Christen mit 2,7, während die Hindus mit 2,4, die Juden mit 2,3, die Konfessionslosen mit

1,7 und die Buddhisten mit 1,6 unter dem Durchschnitt lagen (Quelle Pew Research Center). Ist also die Religiosität mit einer höheren Geburtenrate verbunden und daher ein evolutionärer Vorteil? Liegt die Ursache des Glaubens in der Evolution begründet? Sichert der Glaube das Fortbestehen unserer Spezies?

Ich denke, so einfach sollte man es sich nicht machen. Wenn das Bedürfnis nach Glaube in unserer Evolution begründet ist und nur der Erhaltung der Menschheit dient, was ist dann mit den Gefühlen? Mit dem Gewissen? Mit der Unterscheidung zwischen Gut und Böse? Glaube ist nicht in Statistiken und Zahlen zu fassen, Glaube ist mehr.

Früher war alles klar geregelt: Man war katholisch oder evangelisch, ging mehr oder weniger oft in den Gottesdienst und nahm in der Schule am dementsprechenden Religionsunterricht teil. Heute machen sich die Eltern etwas mehr Gedanken über die religiöse Ausrichtung des Nachwuchses. Opa ist katholisch, Papa ist katholisch und der Filius wird auch so erzogen. Zum Glück sind diese Zeiten vorbei. Man geht verantwortungsvoll in dieser Frage vor und macht sich Gedanken. Die familiäre Prägung rückt mehr und mehr in den Hintergrund. Immer mehr Eltern stellen sich die Frage, was für ihr Kind richtig und wichtig ist. Soll man mit dem Kind beten? Soll man über Gott sprechen, auch wenn man selbst nicht an ihn glaubt? Soll man den Sprössling den Ethikunterricht besuchen lassen? Zumindest in einem Punkt sind sich die meisten Eltern einig: Ihrem Kind sollte der kulturgeschichtliche Hintergrund des jüdisch-christlichen Abendlandes vertraut sein.

Auch wenn die Eltern der Institution Kirche skeptisch gegenüberstehen und keine Religionszugehörigkeit ihres Kindes wünschen, so wollen sie es doch dazu befähigen, ethisch geleitete und korrekte Entscheidungen zu treffen. Das Kind muss die grundlegendsten ethischen Grundsätze kennen und danach handeln. Die prägendsten Grundsätze der Ethik wären:

Individuelle Freiheit, Recht auf Leben und Religionsausübung

Soziale Gleichheit, Brüderlichkeit, Rechtsstaatlichkeit, Mitbestimmung

Teilhabe an den Gütern der Erde, Arbeit, Eigentum.

Nicht zu vergessen sind der freie Wille und die Achtung jeglichen Lebens und der Natur.

Ethik ersetzt in der heutigen Zeit immer mehr die Religion. Doch kann sie auch den Glauben ersetzen? Ist der Glaube an Religion gebunden? Ich sage nein. Jeder Mensch, der nach der Ethik handelt, glaubt an irgendetwas. Ethisches Handeln ohne Glauben schließt sich aus. Der Glaube an eine höhere Institution, sei es „Gott“ oder nur das „Gute“ genannt, lebt in jedem ethisch handelnden Menschen.

Dass die Reinkarnationslehre im heutigen Christentum nicht mehr existiert, ist aller Wahrscheinlichkeit Kaiserin Theodora (um 500 bis 548 n. Chr.) geschuldet.

Sie ließ all jene Stellen, die in der frühchristlichen Lehre auf die Wiedergeburt hinwiesen, entfernen. Eine Tat mit epochalen Folgen. Die Geschichte wäre mit Sicherheit anders verlaufen wenn es den Menschen bewusst gewesen wäre, dass sie selbst es sind, die die Früchte ihrer positiven und negativen Taten ernten werden und auch korrigieren müssen. In der Lehre des Urchristentums war die Reinkarnation eine wesentliche Säule im gesamten Glaubensgebäude. Ohne dieser Lehre von der Wiedergeburt hätte der Glaube jede Logik entbehrt. Wie kann ein gütiger Gott dem Einen einen goldenen Löffel in den Mund stecken und den Anderen darben lassen? Alles in nur einem Erdenleben? Hat man einmal eine Verfehlung oder eine Sünde begangen, müsst man für den Rest der Tage im Fegefeuer.

Frühe Kirchenmänner und Theologen wie Origines, Basillides oder der heilige Gregor lehrten die Wiederverkörperung der Seele.

Noch im 5. Jahrhundert n. Chr. War Reinkarnation unbestrittene Tatsache in der christlichen Lehre. Man stritt lediglich darüber, wie sehr Jesus von Nazareth Mensch oder Gott gewesen ist. Der Abt von Antiochia, Nestorius, war der Meinung, man dürfe Maria nicht die „Mutter Gottes“ nennen da sie lediglich den „menschlichen“ Jesus geboren hatte. Doch ein Konzil verurteilte Nestorius als Ketzer, schickte ihn in die Wüste und stellte fest, Jesus sei zur gleichen Zeit menschlich und göttlich gewesen. Einer von Nestorius`mächtigesten Gegnern war Eutyches, der fest behauptete, Jesus sei NUR von göttlicher Natur gewesen. Seine

Menschlichkeit sei in der vollkommenen Göttlichkeit aufgegangen.

Die Lehre nennt man Monophysitismus, also die Lehre, nach der die zwei Naturen Christi zu einer gottmenschlichen verbunden sind. Das vierte Konzil verurteilte dann im Jahre 451 n. Chr. Diese Lehre ebenfalls als Häresie und verfolgte seine Verfechter. Ein eifriger Häscher war der spätere Kaiser Justinian.

Während dieser religiösen Kontroversen war das Thema Wiedergeburt niemals ein Diskussionsthema gewesen. Man hielt sie für ein fundamentales Dogma, das im Konzil von 451 nochmals bekräftigt wurde. Wer hätte damals ahnen können, dass sich die christliche Lehre mit der Thronbesteigung Justinians (527 n. Chr.) grundlegend ändern sollte und unter welch tiefgreifenden Auswirkungen die nachfolgenden Jahrhunderte zu leiden hatten.

1945 fand man Schriftrollen, die von der christlichen Sekte der Gnostiker verfasst wurden. Die Gnostiker wurden von den Römern verfolgt, getötet und ihre Schriften verbrannt. Sie beinhalten älteres Wissen als die Bücher von Lukas oder Matthäus. Ihre Schriften basieren auf den geheimen Lehren Jesus von Nazareths. Die Gnostiker erklären, dass die Kirche ihren Fokus mehr auf die physische Wiederauferstehung legte als auf die spirituelle Wiedergeburt. Dabei gingen die Gnostiker davon aus, dass die Wiedergeburt existiert aber von der Kirche verschleiert wurde.

Im Neuen Testament findet man einen Hinweis auf das Wissen der

Gnostiker:

„Nun ist jedem die Manifestation des Geistes für das allgemeine Gute gegeben. Für den einen ist die Botschaft des Wissens durch den Geist gegeben, für andere die Wissensbotschaft mittels Bedeutungen des gleichen Geistes, für andere weitere Gaben der Heilung durch denselben Geist, für andere wundervolle Kräfte, für andere Prophezeiungen, für andere zwischen den Geistern zu unterscheiden, für andere das Sprechen mit verschiedenen Zungen und für andere wiederum noch immer die Interpretation dieser Zungen“ (1. Korinther, 12,7).

Der jüdische Historiker Josephus erklärte im 1. Jahrhundert nach Christie, dass die Pharisäer an die Reinkarnation glaubten. Er schrieb, dass die Pharisäer davon ausgingen, die gottesfürchtigen Seelen würde nach dem Tode wieder in andere Körper gebracht und die Kraft aufbringen können, wieder zu leben.

Im apokryphischen Thomas-Evangelium steht:

„Beobachte und bete, dass du nicht im Fleische wiedergeboren wirst, sondern dass du die bitteren Fesseln dieses Lebens ablegen mögest“.

Auch im Buch des Johannes ist das Thema der Wiedergeburt immer wieder vorzufinden. Das Buch wurde 185 n. Chr. verfasst.

“Alle Menschen haben vom Wasser der Vergessenheit getrunken und existieren in einem Zustand der Ignoranz. Manchen unter ihnen gelingt es, durch den Geist des Lebens, der in sie hernieder ging, die Ignoranz zu überwinden. Jene Seelen werden errettet und perfekt werden, das bedeutet, sie werden dem Zyklus der Wiedergeburt entkommen können.”

Die Antwort Jesu auf die Frage des Johannes, was mit denjenigen geschehen wird, die keine Rettung erfahren werden:

“Sie werden wieder zurück ins Gefängnis geworfen und der Vergessenheit anheimfallen.”

Die Gnostiker haben zu ihrer Zeit das Wort ‘Gefängnis’ als den physischen Körper interpretiert, den man eben bei einer jeden Reinkarnation wieder und wieder erhält. Meiner Ansicht nach bezeichnet Jesus hiermit die komplette physische Realität inklusive des Körpers als Gefängnis. Immerhin hat man es mit einem Reinkarnationszyklus zu tun, der jeden einzelnen Menschen auf diesem Planeten betrifft. Immer wieder wird der Mensch zurück in die physische Realität katapultiert und die Erinnerungen gelöscht. Daraufhin erklärt Jesus:

“Die einzige Möglichkeit für diese Seelen besteht darin, dass sie aus der Vergessenheit emporsteigen und ihr Wissen zurückerlangen. Eine Seele in einer solchen Situation erreicht dies, indem sie einen Lehrer oder Retter findet, der die Stärke besitzt, sie nach Hause zu geleiten. Diese Seele muss einer anderen Seele folgen, in der der Lebensgeist verweilt, denn sie ist durch den Geist gerettet worden. Diese Seele wird niemals wieder ins Fleisch geschleudert werden!”

In den Evangelien der Gnostiker findet sich der Hinweis, dass Menschen, die keine Wiederauferstehung und keine Einheit mit Gott erfuhren, sich immer wieder auf Erden inkarnieren müssten. Hier wird also eine klare Trennung zwischen Wiederauferstehung und Reinkarnation gezogen. Der folgende Auszug aus dem Evangelium des Philippus im Gespräch mit Jesus:

“Menschen, die sagen, dass sie zuerst sterben und dann aufsteigen werden, irren sich. Wenn diese nicht zuerst die Wiederauferstehung erfahren haben, während sie lebendig (auf Erden) sind, sondern erst sterben, jene werden nichts empfangen.”

Hiermit möchte Jesus deutlich machen, dass der Mensch sich nur vom Reinkarnationszyklus befreien kann, solange er gegenwärtig gerade inkarniert ist. Würde er erst sterben und in die höheren ‘Himmel’ aufsteigen wollen, so würde er während seines Aufstiegs in die höheren Ebenen wieder ergriffen und zurückgeschleudert werden. Dies legt den strengen Verdacht nahe, dass Befreiung nur aus dem physischen Körper heraus entstehen kann. Wenn man stirbt, fällt man dem Vergessen anheim und beginnt von vorn.

Interessant ist, dass die Wiedergeburt in fast jeder Religion den Grundsatz der Glaubensrichtung bildet.

Der Hinduismus zum Beispiel baut auf dem Gesetz des Karmas aus.

Das Karma entscheidet über die nächste Stufe der Wiedergeburt. Es ist die Zusammenfassung aller positiven und negativen Taten eines Menschen im Laufe seines Erdenlebens. Anhänger des Hinduismus glauben fest daran, dass man selbst an seinem Leid Schuld ist, weil man in einem früheren Leben eine weitreichende und schwerwiegende Verfehlung begangen hat uns somit diese „Last“ selbst verschuldet hat. Es wird ihm daher auch kaum Mitleid entgegengebracht. Aus diesem Leiden gibt es zu Lebzeiten kein Entrinnen, denn im Hinduismus gibt es im Gegensatz zum Christentum keine Vergebung. Dieser fortwährende Kreislauf von Leben und Tod, von Sterben und Geburt wird im Hinduismus als Strafe, ja als etwas Schreckliches verstanden. Die einzige Hoffnung eines Hinduisten besteht darin, so viele „positive“ Wiedergeburten zu erlangen und so viel gutes Karma anzuhäufen, um sich am Ende mit dem Göttlichen zu vereinigen und ihm aufzugehen.

Die Regeln des Hinduismus entspringen den ethischen Grundsätzen und kennen wir aus dem Christentum:

Sei gewaltlos, zerstöre oder verletze nichts und niemanden der großen Schöpfung, nicht mit Gedanken, Worten oder Taten.

Sage die Wahrheit, außer du würdest einen anderen dadurch verletzten, dann schweige. Nimm nichts an dich, was dir nicht gehört. Wenn du dir etwas geliehen hast, gib es wieder zurück. Rühme dich nicht mit Taten, die du nicht begangen hast. Nichts gehört uns Menschen, deshalb ergreife keinen Besitz von der Schöpfung.

Die Lehre des Buddhismus kennt keine durch eine höhere Macht zuteilwerdende Gnade. Vergebung gibt es im Buddhismus nicht. Das höchste Ziel im Glauben ist es, dem Kreislauf von Tod und Wiedergeburt dadurch zu entfliehen, kein negatives Karma mehr zu erzeugen. Das oberste Ziel im Buddhismus ist das Nirwana, das Verlöschen all dessen, was uns an die irdische Welt bindet. Durch Mitleid gegenüber allen Lebens, Gewaltlosigkeit, Enthaltsamkeit und gerechtes Handeln versucht der Buddhist aus der immer wiederkehrenden Reinkarnation zu entkommen. Nach der Lehre des Buddhismus ist das ganze Leben Leid. Falsches Verlangen nach den Lüsten der sechs Sinne, fühlen, riechen, schmecken, hören, sehen und denken, verursacht das Leid, das man in seiner Reinkarnation zu erdulden hat. Das Leid kann man vermeiden, indem die fünf Tugendregeln beachtet werden:

1. kein zerstören oder verletzen von Lebewesen. Das Töten jedes Lebewesens soll verhindert werden.

2. Ich achte den Besitz anderer, ich stehle nicht, ich beute kein Lebewesen aus oder unterdrücke es.

3. ich meide sexuelles Fehlverhalten und gehe keine Verbindung ohne Liebe ein.

4. ich lüge nicht, verfälsche nicht die Wahrheit und säe keine Zwietracht. Ich wähle meine Worte behutsam. da auch Worte verletzen können.

5. ich enthalte mich jeglicher berauschenden Mittel.

Doch kommen wir zurück zum Christentum. Auch in den christlichen Kirchen gibt es Gebote und Regeln. Der Bruch dieser Regeln und Gebote hat wie im Buddhismus und im Hinduismus Konsequenzen für den Verursacher. Handelt es sich um eine sogenannte Todsünde (Hochmut, Geiz, Wollust, Jähzorn, Völlerei, Neid und Faulheit), führt dies zu einem dauerhaften Verlust der Gemeinschaft mit Gott. Der Mensch alleine ist nicht in der Lage, diese Gemeinschaft mit Gott wieder herzustellen. Allerdings entfällt diese Notwendigkeit, da die Christen daran glauben, dass der Kreuzestod Jesus von Nazareths die Vergebung aller Sünden zur Folge hatte und seine Auferstehung der Weg zum ewigen Leben ist.

Der Mensch kann durch ein Leben in Sünde somit auch eine Art schlechtes Karma anhäufen, erlangt aber eine vollständige Vergebung wenn er sie erkennt, bereut, sie wieder gut macht und den Entschluss fasst, diese Sünden nicht mehr zu begehen.

Die christlichen Kirchen haben sich trotz aller Übereinstimmungen der Grundsätze von der Reinkarnationslehre distanziert. Im Katechismus der katholischen Glaubenslehre heiß es:

„Der Tod ist das Ende der irdischen Pilgerschaft des Menschen, der Zeit, der Gnade und des Erbarmens, die Gott ihm bietet, um sein Erdenleben nach dem Plan Gottes zu leben und über sein letztes Schicksal zu entscheiden. Wenn unser einmaliger irdischer Lebenslauf erfüllt ist, kehren wir nicht mehr zurück, um noch weitere Male auf Erden zu leben. Es ist dem Menschen bestimmt, ein einziges Mal zu sterben. Nach dem Tod gibt es keine Reinkarnation (1013)"

Eine eindeutige Aussage der katholischen Kirche.

Es finden sich aber auch Aussagen in der Bibel die die Reinkarnation lehren, die „versehentlich" aber nicht entfernt wurden.

„Unterwegs sah Jesus einen Mann, der seit seiner Geburt blind war. Da fragten ihn seine Jünger: Rabbi, wer hat gesündigt? Er selbst? Oder haben seine Eltern gesündigt, sodass er blind geboren wurde? Jesus antwortete: Weder er noch seine Eltern haben gesündigt, sondern das Wirken Gottes soll an ihm offenbar werden" (Johannes 9, 1-3).

Verfechter der Reinkarnation im Christentum sehen in dieser Bibelstelle den Beweis dafür, dass die Jünger an die Wiedergeburt geglaubt haben. Wie hätte der Mann als Folge einer Schuld bzw. einer begangenen Sünde blind geboren werden können, wenn die Ursache nicht vor seiner Geburt gelegen hätte? Eine interessante Interpretation, über die man einmal nachdenken sollte...

Ein großes Argument für die Reinkarnationslehre im Christentum findet sich in den eigenen Worten Jesu ‘wieder.

Jesus lehrte Nikodemus angeblich diese Lehre bei Johannes 3:3.

„Jesus antwortete und sprach zu ihm: Wahrlich, wahrlich, ich sage dir: Wenn jemand nicht von neuem geboren wird, kann er das Reich Gottes nicht sehen. Nikodemus spricht zu ihm: Wie kann ein Mensch geboren werden, wenn er alt ist? Kann er zum zweiten Mal in den Leib seiner Mutter hineingehen und geboren werden? Jesus antwortete: Wahrlich, wahrlich, ich sage dir: Wenn jemand nicht aus Wasser und Geist geboren wird, kann er nicht in das Reich Gottes hineingehen. Was aus dem Fleisch geboren ist, ist Fleisch, was aus dem Geist geboren ist, ist Geist. Wundere sich nicht, dass ich dir sage: Ihr müsst von neuem geboren werden.“

Nikodemus denkt also nicht an die Möglichkeit, dass es der Leib einer neuen Mutter sein könnte! Nun hat man hin und her gedeutet, was wohl das verwendete griechische Wort anothen hier bedeuten soll. Unbestreitbar ist, dass es zwei Bedeutungen haben kann: "wieder, aufs Neue, noch ein Mal", sowie "von oben her" (geboren werden). Es könnte aber auch bedeuten: "von innen her”, “von früher her”, “von den Vorfahren her" oder “vom Grunde auf” (geboren werden). Um Deutungen im Sinne der Reinkarnation zu entgegnen, will man heute eher die Übersetzung "von oben her" vorziehen. Nur die Übersetzung "wieder, noch einmal" kann alleine die richtige sein, da es ja Nikodemus so versteht! Nach der Fachliteratur soll es kein derart zweideutiges aramäisches Wort geben, sodass man davon ausgehen muss, dass Jesus ein ziemlich eindeutiges Wort mit gerade dieser Bedeutung verwendet haben wird. Hätte er ein ebenfalls ziemlich eindeutiges Wort mit der Bedeutung "von oben her" verwendet, hätte ihn Nikodemus nicht so verstehen können, wie er es tat. Die "Doppeldeutigkeitserklärung" bezieht sich einzig nur auf die griechische Übersetzung, aber da sie Aramäisch sprachen, muss dieser Erklärungsversuch als ein irreführender Kunstgriff gesehen werden.

Die theologische Literatur will hier stets geltend machen, dass anothen die Übersetzung vom aramäischen Wort mill'ela sei, dessen einzige Bedeutung "von oben her" ist. Da der Urtext in Aramäisch nun einmal nicht zugänglich ist, fällt solches Behaupten leicht ... Diese dogmatisch vorgefasste Rückwärts Auslegung überzeugt aber gar nicht davon, dass es nicht ebenso gut ein anderes Wort gewesen sein könnte, das "wieder" bedeutet. Zum Beispiel chadat, tanyanut oder ein dem hebräischen Wort 'od verwandtes aramäisches Wort.

Jesus sagt dann: "... Wenn nicht jemand aus Wasser und Geist geboren wird, so kann er nicht in Gottes Reich kommen." (Joh. 3.5). Mehrere Theologen halten hier "aus Wasser" für eine spätere Einfügung. Bleibt also mit Sicherheit nur "aus Geist", womit nicht bestritten wird, dass es sich hier um eine Seele oder einen Geist handeln könne, der zum Geboren werden (wieder) hineingeht.

Es bleibt jedem selbst überlassen, wie er die Hinweise in der Bibel deutet. Am besten, man hört in sich hinein, auf sein Herz, dann wird man für sich die Antwort finden.

Doch wie sieht die Psychologie den Glauben? Was für Christen undenkbar ist, das war für Psychologen eine klare Sache. Der Einfluss von Glauben auf unser Leben wurde untersucht und einer Bewertung unterzogen.

In wissenschaftlichen Studien wird beispielsweise die Wirkung von Gebeten studiert.

Es gibt immer wieder Menschen, bei denen sich Krebstumore zurückbilden, ohne dass eine Therapie erfolgt wäre. Mediziner bezeichnen diese unerwartete Genesung als Spontanremission. Viele dieser Patienten führen diese Heilung auf Glaube, Meditation oder Gebet zurück. Einen sicheren wissenschaftlichen Beweis gibt es dafür aber nicht. Jedoch deuten statistische Untersuchungen an, dass Beten oder andere Meditationsformen eine positive Auswirkung auf Erkrankungen haben könnten.

Die US-Biochemikerin Caryle Hirshberg hat 50 Fälle von Spontanremissionen untersucht. 67 Prozent der Patienten hielten spirituelle Faktoren bei ihrer Heilung für „sehr wichtig". „Es ist interessant festzustellen", schreibt Hirshberg in ihrem Bericht, „dass Beten oft mit jenen seelischen Zuständen einhergeht, die wir bei ungewöhnlichen Heilungen ausgemacht haben: die besondere Konzentration auf einen Gegenstand, seelische Entspannung und Entlastung, Ausschalten des rationellen Denkens, Visualisierungen, aktive Vorstellungskraft und einheitliche Intention…". Ärzte vom Dartmouth-Hitchcock Medical Center in Lebanon, USA, haben untersucht, ob Gebete therapeutisch nützlich sind. Ihr Fazit: Die Patienten, die angaben, Trost und Kraft aus ihrem Glauben zu schöpfen, hatten eine deutlich bessere Überlebenschance.

Die andere Patientengruppe wies eine etwa drei Mal höhere Sterberate auf.

Sogar das Beten anderer für einen geliebten kranken Menschen könnte möglicherweise eine Wirkung auf den Heilungsprozess haben. In einer klinischen Studie an 150 Herzpatienten, die alle an einer instabilen Angina pectoris litten, stellte der Studienleiter Dr. Mitchell W. Krucoff von der Duke University in Durham, North-Carolina, folgendes fest: Es ging jenen Patienten deutlich besser, für deren Gesundheit andere Menschen beteten. Allerdings, so räumt er ein, können die Ergebnisse der Untersuchung auf Grund der geringen Patientenzahl „purer Zufall" gewesen sein. Möglich ist auch, dass diese Patienten das Gefühl hatten, ihre Verwandten oder Freunde stünden ihnen besonders intensiv zur Seite.

Einige Wissenschaftler vermuten, dass bei einer Spontanremission psychische Komponenten eine Rolle spielen: Der feste Glaube an eine Besserung aktiviert dabei die Selbstheilungskräfte des Körpers. Andere meinen, dass Beten den Körper des Gläubigen in einen Entspannungszustand versetzen. Auf diese Weise vermindere sich die Ausschüttung bestimmter Stresshormone. Außerdem verlangsamten sich Herz- und Atemfrequenz – ein Effekt, der sich vor allem bei stressbedingten Krankheiten wie Bluthochdruck, Schlafstörungen und Zwölffingerdarmgeschwüren auswirke.

Unumstritten ist der positive Effekt eines funktionierenden Immunsystems auf den Verlauf von Krebserkrankungen. Cortisol zum

Beispiel, das vor allem bei Depressionen in Folge von chronischem Stress ausgeschüttet wird, schädigt die Immunzellen. Der Umkehrschluss ist: Mentale Techniken wie zum Beispiel Meditation, Gebet und künstlerische Therapien bauen Stress ab und könnten dadurch die Abwehrkräfte stärken. Das könnte sich wiederum positiv auf die Lebensqualität und die Lebenserwartung auswirken.

Unbestritten ist, dass Glaube und Gebet eine positive Wirkung auf den Menschen, seine Umwelt und seine Genesung haben. Entscheidend ist immer die innere Einstellung. Ein Atheist sieht sein Umfeld anders als ein gottgläubiger Mensch. Er handelt, wenn er die ethischen Grundsätze nicht beachtet, rücksichtsloser und ichbezogener als ein Mensch, der seinen Glauben lebt.

Glauben ist ein Geheimnis, einfach und schwierig zugleich. Er erschließt mir die Antwort auf

mein Leben. Und er stellt mich vor viele Fragen. Was heißt „glauben"? Aus welchen Quellen

kann sich mein Glauben schöpfen? Wie kann ich meinen Glauben leben?

Christliche Spiritualität findet ihre Richtung und ihren Weg in der gelebten Gemeinschaft mit Gott.

Weil Glauben aus und von Gott her lebt, sucht der Glaubende die Nähe zu Gott.

Solche Übungswege gehören von Anfang an zum christlichen Glauben. Für Martin Luther waren geistliche

Übungen selbstverständlich. Er schreibt:

„Das Leben ist nicht ein Fromm sein, sondern ein Fromm werden, ... nicht eine Ruhe, sondern eine Übung, es glüht und glänzt noch nicht alles, es reinigt sich aber alles."

Wie im Leben sind wir auch im Glauben entwicklungsmäßig nie „fertig". An jedem Punkt unserer „Glaubensreise" können sich überraschende Veränderungen auftun. Gerade als Erwachsene werden wir immer wieder zu Lernenden und Suchenden, die gerufen sind, Neuland zu betreten.

Für mich persönlich kann ich sagen, dass ich zum Glauben gefunden habe, wenn auch etwas spät. Ich wurde im evangelischen Glauben erzogen begann aber früh, diese Lehre zu hinterfragen. Für mich ergab sie keinerlei Sinn. Mit knapp zwanzig Jahren trat ich aus der Kirche aus und lebte unbekümmert mein Leben. Glaubensfragen spielten für mich keine Rolle. Im Gegenteil, ich belächelte die, die an Gott glaubten und diese Überzeugung lebten.

Ich genoss das Leben in vollen Zügen und verschwendete keinen Gedanken an das „Morgen". Erst Schicksalsschläge, die meine Familie betrafen, ließen mich langsam wieder über den Sinn des „Seins" nachdenken. Als mein Großvater starb, brach für mich eine Welt zusammen. Die Erfahrung, richtiges „Leid“ zu empfinden, blieb mir bis zu diesem Zeitpunkt erspart. Es konnte doch nicht sein, dass mit dem Ende des Lebens alles vorbei sein sollte, worin lag dann der Sinn des Daseins? Man lebte sein Leben, starb und das sollte es dann gewesen sein? Ich begann, mich intensiv mit der Thematik eines Lebens nach dem Tode zu beschäftigen. New Age, Esoterik, sämtliche Glaubensbereiche...ich las alles was ich in die Finger bekam. Und ich kam immer wieder zu demselben Schluss: Es gab etwas, was den leiblichen Tod überlebte, der Energiekörper, die Seele lebte weiter. Zu überzeugend waren für mich die Beweise um sie leugnen zu können.

Jedes lebende Wesen trägt einen göttlichen Funken, einen unauslöschbaren Lebenskern. Gäbe es keine göttliche Seele, keinen Lebensfunken, so gäbe es auch keinen Gott und ohne Gott keine Schöpfung, also keine Existenz. Der göttliche Funken im Menschen ist besonders stark, er lässt ihn nicht zur Ruhe kommen und tut sich als ein gewaltiges Gefühl der Liebe, der Sehnsucht, der Suche nach Glückseligkeit kund.

Für mich ist der Begriff „Gott“ nicht untrennbar mit der Bibel verbunden. Gott ist für mich das Gewissen, das Gute, meine innere Stimme....die Stimme, die mir sagt, was gut und was schlecht ist. Gott leitet mich, Gott beeinflusst meine Handlungen und mein Tun. Man muss keiner Religionsgemeinschaft angehören, um Gott zu erfahren. Gott ist in jedem von uns und von jedem erfahrbar.

Es ist der göttliche Funke in mir, der mich menschlich Handeln lässt.

Sehe ich einen Obdachlosen, der frierend am Straßenrand sitzt, lade ich ihn zu einem Essen ein. Gott lässt mich so handeln. Gott ist die Liebe, die Barmherzigkeit, das Verzeihen, die Güte. Was wäre der Mensch ohne Gott? Er wäre kein Mensch, das „Menschliche“ wäre nicht vorhanden.

Egal welchen Charakter ein Mensch in sich trägt, egal wie er handelt, der göttliche Funke, also ein Teil Gottes, sind in ihm. Es liegt an jedem, auf Gott zu hören, ihn anzunehmen.

Sein eigenes Leben in Gottes Hände zu legen und sich ihm anzuvertrauen ist eines der größten Abenteuer, die wir erleben können. Wir müssen nur bereit dazu sein und diesen Schritt gehen.

Glaube in der Bibel:

Dass er euch Kraft gebe nach dem Reichtum seiner Herrlichkeit, gestärkt zu werden durch seinen Geist an dem inwendigen Menschen, dass Christus durch den Glauben in euren Herzen wohne. Und ihr seid in der Liebe eingewurzelt und gegründet.

Epheser 3:16-17

Darum sage ich euch: Alles, was ihr betet und bittet, glaubt nur, dass ihr's empfangt, so wird's euch zuteilwerden.

Markus 11:24

Es ist aber der Glaube eine feste Zuversicht dessen, was man hofft, und ein Nichtzweifeln an dem, was man nicht sieht.

Hebräer 11:1

Denn wir wandeln im Glauben und nicht im Schauen.

2 Korinther 5:7

Der Gott der Hoffnung aber erfülle euch mit aller Freude und Frieden im Glauben, dass ihr immer reicher werdet an Hoffnung durch die Kraft des Heiligen Geistes.

Römer 15:13

Er bitte aber im Glauben und zweifle nicht; denn wer zweifelt, der gleicht einer Meereswoge, die vom Winde getrieben und aufgepeitscht wird.

Jakobus 1:6

Aber ohne Glauben ist's unmöglich, Gott zu gefallen; denn wer zu Gott kommen will, der muss glauben, dass er ist und dass er denen, die ihn suchen, ihren Lohn gibt.

Hebräer 11:6

Jesus spricht zu ihr: Habe ich dir nicht gesagt: Wenn du glaubst, wirst du die Herrlichkeit Gottes sehen?

Johannes 11:40

Ihn habt ihr nicht gesehen und habt ihn doch lieb; und nun glaubt ihr an ihn, obwohl ihr ihn nicht seht; ihr werdet euch aber freuen mit unaussprechlicher und herrlicher Freude, wenn ihr das Ziel eures Glaubens erlangt, nämlich der Seelen Seligkeit.

1 Petrus 1:8-9

Und wisst, dass euer Glaube, wenn er bewährt ist, Geduld wirkt.

Jakobus 1:3

Jesus spricht zu ihr: Ich bin die Auferstehung und das Leben. Wer an mich glaubt, der wird leben, ob er gleich stürbe; und wer da lebt und glaubt an mich, der wird nimmermehr sterben. Glaubst du das?

Johannes 11:25-26

Den Schwachen im Glauben nehmt an und streitet nicht über Meinungen.

Römer 14:1

Denn alles, was aus Gott geboren ist, überwindet die Welt; und unser Glaube ist der Sieg, der die Welt überwunden hat.

1 Johannes 5:4

Aber du, Mensch Gottes, fliehe das! Jage aber nach der Gerechtigkeit, der Frömmigkeit, dem Glauben, der Liebe, der Geduld, der Sanftmut!

1 Timotheus 6:11

Jesus aber sprach zu ihm: Du sagst: Wenn du kannst! Alle Dinge sind möglich dem, der da glaubt.

Markus 9:23

Und wenn ich prophetisch reden könnte und wüsste alle Geheimnisse und alle Erkenntnis und hätte allen Glauben, sodass ich Berge versetzen könnte, und hätte der Liebe nicht, so wäre ich nichts.

1 Korinther 13:2

Und Jesus sprach zu ihm: Geh hin, dein Glaube hat dir geholfen. Und sogleich wurde er sehend und folgte ihm nach auf dem Wege.

Markus 10:52

Ich habe erwählt den Weg der Wahrheit,

deine Urteile habe ich vor mich gestellt.

Psalm 119:30

Jesus aber sprach zu ihnen: Ich bin das Brot des Lebens. Wer zu mir kommt, den wird nicht hungern; und wer an mich glaubt, den wird nimmermehr dürsten.

Johannes 6:35

Denn wer mit dem Herzen glaubt, wird gerecht; und wer mit dem Munde bekennt, wird selig.

Römer 10:10

Durch den Glauben empfing auch Sara, die unfruchtbar war, Kraft, Nachkommen hervorzubringen trotz ihres Alters; denn sie hielt den für treu, der es verheißen hatte.

Hebräer 11:11

Denn ihr seid alle durch den Glauben Gottes Kinder in Christus Jesus. Denn ihr alle, die ihr auf Christus getauft seid, habt Christus angezogen.

Galater 3:26-27

Denn also hat Gott die Welt geliebt, dass er seinen eingeborenen Sohn gab, auf dass alle, die an ihn glauben, nicht verloren werden, sondern das ewige Leben haben.

Johannes 3:16

Denn darin wird offenbart die Gerechtigkeit, die vor Gott gilt, welche kommt aus Glauben in Glauben; wie geschrieben steht: »Der Gerechte wird aus Glauben leben.«

Römer 1:17

Wer da glaubt und getauft wird, der wird selig werden; wer aber nicht glaubt, der wird verdammt werden.

Markus 16:16

Und alles, was ihr bittet im Gebet: so ihr glaubt, werdet ihr's empfangen.

Matthäus 21:22

Das habe ich euch geschrieben, damit ihr wisst, dass ihr das ewige Leben habt, euch, die ihr glaubt an den Namen des Sohnes Gottes.

1 Johannes 5:13

Sie sprachen: Glaube an den Herrn Jesus, so wirst du und dein Haus selig!

Apostelgeschichte 16:31

Nun aber bleiben Glaube, Hoffnung, Liebe, diese drei; aber die Liebe ist die größte unter ihnen.

1 Korinther 13:13

Wachet, steht im Glauben, seid mutig und seid stark!

1 Korinther 16:13

Jesus antwortete und sprach zu ihnen: Das ist Gottes Werk, dass ihr an den glaubt, den er gesandt hat.

Johannes 6:29

So ist auch der Glaube, wenn er nicht Werke hat, tot in sich selber.

Jakobus 2:17

Niemand verachte dich wegen deiner Jugend; du aber sei den Gläubigen ein Vorbild im Wort, im Wandel, in der Liebe, im Glauben, in der Reinheit.

1 Timotheus 4:12

Und aufsehen zu Jesus, dem Anfänger und Vollender des Glaubens, der, obwohl er hätte Freude haben können, das Kreuz erduldete und die Schande gering achtete und sich gesetzt hat zur Rechten des Thrones Gottes.

Hebräer 12:2

Wir müssen Gott allezeit für euch danken, liebe Brüder, wie sich's gebührt. Denn euer Glaube wächst sehr und eure gegenseitige Liebe nimmt zu bei euch allen.

2 Thessalonicher 1:3

Wer an mich glaubt, von dessen Leib werden, wie die Schrift sagt, Ströme lebendigen Wassers fließen.

Johannes 7:38

Er aber sprach zu ihnen: Wegen eures Kleinglaubens. Denn wahrlich, ich sage euch: Wenn ihr Glauben habt wie ein Senfkorn, so könnt ihr sagen zu diesem Berge: Heb dich dorthin, so wird er sich heben; und euch wird nichts unmöglich sein.

Matthäus 17:20

Ich lebe, doch nun nicht ich, sondern Christus lebt in mir. Denn was ich jetzt lebe im Fleisch, das lebe ich im Glauben an den Sohn Gottes, der mich geliebt hat und sich selbst für mich dahingegeben.

Galater 2:20

Wahrlich, ich sage euch: Wer zu diesem Berge spräche: Heb dich und wirf dich ins Meer, und zweifelte nicht in seinem Herzen, sondern glaubte, dass geschehen würde, was er sagt, so wird's ihm geschehen.

Markus 11:23

Denn aus Gnade seid ihr gerettet durch Glauben, und das nicht aus euch: Gottes Gabe ist es, nicht aus Werken, damit sich nicht jemand rühme.

Epheser 2:8-9

So kommt der Glaube aus der Predigt, das Predigen aber durch das Wort Christi.

Römer 10:17

Kämpfe den guten Kampf des Glaubens; ergreife das ewige Leben, wozu du berufen bist und bekannt hast das gute Bekenntnis vor vielen Zeugen.

1 Timotheus 6:12

Denn wenn du mit deinem Munde bekennst, dass Jesus der Herr ist, und glaubst in deinem Herzen, dass ihn Gott von den Toten auferweckt hat, so wirst du gerettet.

Römer 10:9

Denn euch ist es gegeben um Christi willen, nicht allein an ihn zu glauben, sondern auch um seinetwillen zu leiden.

Philipper 1:29

Spricht Jesus zu ihm: Weil du mich gesehen hast, darum glaubst du?

Selig sind, die nicht sehen und doch glauben!

Johannes 20:29

Aber die Schrift hat alles eingeschlossen unter die Sünde, damit die Verheißung durch den Glauben an Jesus Christus gegeben würde denen, die glauben.

Galater 3:22

Denn wenn wir glauben, dass Jesus gestorben und auferstanden ist, so wird Gott auch die, die da entschlafen sind, durch Jesus mit ihm führen.

1 Thessalonicher 4:14

Ein großer Gewinn aber ist die Frömmigkeit zusammen mit Genügsamkeit.

1 Timotheus 6:6

Wer bist du, dass du einen fremden Knecht richtest? Er steht oder fällt seinem Herrn. Er wird aber stehen bleiben; denn der Herr kann ihn aufrecht halten.

Römer 14:4

Denn ich schäme mich des Evangeliums nicht; denn es ist eine Kraft Gottes, die selig macht alle, die glauben, die Juden zuerst und ebenso die Griechen.

Römer 1:16

Denn ich sage durch die Gnade, die mir gegeben ist, jedem unter euch, dass niemand mehr von sich halte, als sich's gebührt, sondern dass er maßvoll von sich halte, wie Gott einem jeden zugeteilt hat das Maß des

Glaubens.

Römer 12:3

Wer ist es aber, der die Welt überwindet, wenn nicht, der da glaubt, dass Jesus Gottes Sohn ist?

1 Johannes 5:5

Denn die Schrift spricht: »Wer an ihn glaubt, wird nicht zuschanden werden.«

Römer 10:11

So wendet allen Fleiß daran und erweist in eurem Glauben Tugend und in der Tugend Erkenntnis und in der Erkenntnis Mäßigkeit und in der Mäßigkeit Geduld und in der Geduld Frömmigkeit und in der Frömmigkeit Brüderlichkeit und in der Brüderlichkeit die Liebe.

2 Petrus 1:5-7

Ich erinnere euch aber, Brüder und Schwestern, an das Evangelium, das ich euch verkündigt habe, das ihr auch angenommen habt, in dem ihr auch fest steht, durch das ihr auch selig werdet, wenn ihr's so festhaltet, wie ich es euch verkündigt habe; es sei denn, dass ihr's umsonst geglaubt hättet.

1 Korinther 15:1-2

Nun aber ist ohne Zutun des Gesetzes die Gerechtigkeit, die vor Gott gilt, offenbart, bezeugt durch das Gesetz und die Propheten. Ich rede aber von der Gerechtigkeit vor Gott, die da kommt durch den Glauben an Jesus Christus zu allen, die glauben. Denn es ist hier kein Unterschied.

Römer 3:21-22

Wie viele ihn aber aufnahmen, denen gab er Macht, Gottes Kinder zu werden: denen, die an seinen Namen glauben.

Johannes 1:12

Jesus aber antwortete und sprach zu ihnen: Wahrlich, ich sage euch: Wenn ihr Glauben habt und nicht zweifelt, so werdet ihr solches nicht allein mit dem Feigenbaum tun, sondern, wenn ihr zu diesem Berge sagt: Heb dich und wirf dich ins Meer, so wird's geschehen.

Matthäus 21:21

Wir sind von Geburt Juden und nicht Sünder aus den Heiden. Doch weil wir wissen, dass der Mensch durch Werke des Gesetzes nicht gerecht wird, sondern durch den Glauben an Jesus Christus, sind auch wir zum Glauben an Christus Jesus gekommen, damit wir gerecht werden durch den Glauben an Christus und nicht durch Werke des Gesetzes; denn durch des Gesetzes Werke wird kein Mensch gerecht.

Galater 2:15-16

Denn in Christus Jesus gilt weder Beschneidung noch Unbeschnittensein etwas, sondern der Glaube, der durch die Liebe tätig ist.

Galater 5:6

Da wir nun gerecht geworden sind durch den Glauben, haben wir Frieden mit Gott durch unsern Herrn Jesus Christus.

Römer 5:1

Ist jemand unter euch krank, der rufe zu sich die Ältesten der Gemeinde, dass sie über ihm beten und ihn salben mit Öl in dem Namen des Herrn. Und das Gebet des Glaubens wird dem Kranken helfen, und der Herr wird ihn aufrichten; und wenn er Sünden getan hat, wird ihm vergeben werden.

Jakobus 5:14-15

Wer an den Sohn glaubt, der hat das ewige Leben. Wer aber dem Sohn nicht gehorsam ist, der wird das Leben nicht sehen, sondern der Zorn Gottes bleibt über ihm.

Johannes 3:36

Als aber Jesus das hörte, antwortete er ihm: Fürchte dich nicht; glaube nur, so wird sie gesund!

Lukas 8:50

Denn Christus ist des Gesetzes Ende, zur Gerechtigkeit für jeden, der glaubt.

Römer 10:4

Darum, solange wir noch Zeit haben, lasst uns Gutes tun an jedermann, allermeist aber an des Glaubens Genossen.

Galater 6:10

Wer an ihn glaubt, der wird nicht gerichtet; wer aber nicht glaubt, der ist schon gerichtet, denn er hat nicht geglaubt an den Namen des eingeborenen Sohnes Gottes.

Johannes 3:18

Siehe, wer halsstarrig ist, der wird keine Ruhe in seinem Herzen haben,

der Gerechte aber wird durch seinen Glauben leben.

Habakuk 2:4

Denn Geldgier ist eine Wurzel alles Übels; danach hat einige gelüstet und sie sind vom Glauben abgeirrt und machen sich selbst viel Schmerzen.

1 Timotheus 6:10

Die Zeit ist erfüllt, und das Reich Gottes ist nahe herbeigekommen. Tut Buße und glaubt an das Evangelium!

Markus 1:15

Ihr aber, meine Lieben, baut euer Leben auf eurem allerheiligsten Glauben und betet im Heiligen Geist und bewahrt euch in der Liebe Gottes und wartet auf die Barmherzigkeit unseres Herrn Jesus Christus zum ewigen Leben.

Judas 1:20-21

Paulus aber sprach: Johannes hat getauft mit der Taufe der Buße und dem Volk gesagt, sie sollten an den glauben, der nach ihm kommen werde, nämlich an Jesus.

Apostelgeschichte 19:4

Die nun sein Wort annahmen, ließen sich taufen; und an diesem Tage wurden hinzugefügt etwa dreitausend Menschen.

Apostelgeschichte 2:41

Denn wir haben an Christus Anteil bekommen, wenn wir die erste Gewissheit bis zum Ende festhalten.

Hebräer 3:14

Seht zu, Brüder und Schwestern, dass niemand unter euch ein böses, ungläubiges Herz habe und abfalle von dem lebendigen Gott.

Hebräer 3:12

Gedanken von bekannten Persönlichkeiten zum Thema „Glaube"...

Es gibt nur zwei Tage im Jahr, an denen man nichts tun kann. Der eine ist Gestern, der andere Morgen. Dies bedeutet, dass heute der richtige Tag zum Lieben, Glauben und in erster Linie zum Leben ist.

Dalai Lama

Wunder erleben nur diejenigen, die an Wunder glauben.

Erich Kästner

Ich glaube an Gott, aber nicht als ein Ding, nicht als einen alten Mann im Himmel. Ich glaube, das was Menschen Gott nennen, ist etwas in uns allen. Ich glaube, dass das was Jesus und Mohammed und Buddha und der ganze Rest gesagt haben, wahr ist. Es wurde nur durch die Übersetzungen verfälscht.

John Lennon

...dieser glaubt doch, etwas zu wissen, was er nicht weiß, ich aber, der ich nichts weiß, glaube auch nicht zu wissen. Ich scheine doch wenigstens um ein Kleines weiser zu sein als dieser, weil ich, was ich nicht weiß, auch nicht zu wissen glaube...

Sokrates

Um etwas zu tun, muss man es sehr lieben. Um etwas sehr zu lieben, muss man bis zur Verrücktheit daran glauben.

Che Guevara

Wir leben nicht, um zu glauben, sondern um zu lernen.

Dalai Lam

Wer glaubt, ein Christ zu sein, weil er die Kirche besucht, irrt sich. Man wird ja auch kein Auto, wenn man in eine Garage geht.

Albert Schweitzer

Glaubt den Schriften nicht, glaubt den Lehrern nicht, glaubt auch mir nicht. Glaubt nur das, was ihr selbst sorgfältig geprüft und als euch selbst und zum Wohle dienend anerkannt habt.

Buddha

Um etwas zu tun, muss man es sehr lieben. Um etwas sehr zu lieben, muss man bis zur Verrücktheit daran glauben.

Che Guevara

Glaube ohne Liebe ist nichts wert.

Martin Luther

Glauben und Wissen verhalten sich wie die zwei Schalen einer Waage: in dem Maße, als die eine steigt, sinkt die andere.

Arthur Schopenhauer

Der wahre Glaube wächst durch die Stimme eines guten Lehrers und eigenes Nachdenken.

Buddha

Dummheit ist nicht «wenig wissen», auch nicht «wenig wissen wollen», Dummheit ist «glauben, genug zu wissen».

Konfuzius

Auch Götter sterben, wenn niemand mehr an sie glaubt.

Jean-Paul Sartre

Pflichtbewusstsein ohne Liebe macht verdrießlich Verantwortung ohne Liebe macht rücksichtslos Gerechtigkeit ohne Liebe macht hart Wahrhaftigkeit ohne Liebe macht kritiksüchtig Klugheit ohne Liebe macht betrügerisch Freundlichkeit ohne Liebe macht heuchlerisch Ordnung ohne Liebe macht kleinlich Sachkenntnis ohne Liebe macht rechthaberisch Macht ohne Liebe macht grausam Ehre ohne Liebe macht hochmütig Besitz ohne Liebe macht geizig Glaube ohne Liebe macht fanatisch

Laotse

Jener glaubt etwas zu wissen, weiß aber nichts, ich weiß zwar auch nichts, glaube aber auch nichts zu wissen.

Sokrates

Glaube nichts auf bloßes Hörensagen hin; glaube nicht an Überlieferungen, weil sie alt sind.

Buddha

Allein der Glaube ist des Gewissens Friede.

Martin Luther

Nicht dass du mich belogst sondern, dass ich dir nicht mehr glaube, hat mich erschüttert.

Friedrich Nietzsche

Der Glaube ist etwas sehr Persönliches, der Unglaube mehr allgemein.

Fred Ammon

Nicht allein der Glauben macht die Religion.

Fred Ammon

Wie du an Gott glaubst, so hast du ihn. Glaubst du, dass er gütig und barmherzig ist, so wirst du ihn so haben.

Martin Luther

Drei Dinge von unschätzbarem Wert hat Gott unserem Land gegeben: die Freiheit der Rede, die Freiheit des Glaubens und die Vernunft, beide nicht in Anspruch zu nehmen.

Mark Twain

Der Glaube und die Unschuld sind zu finden nur bei den Kleinen.

Dante Alighieri

Der Glaube ist der Anfang aller guten Werke.

Martin Luther

Der Glaube ist nimmermehr stärker und herrlicher, denn wenn die Trübsal und Anfechtung am größten sind.

Martin Luther

Wer nicht an sich selbst glaubt, kann auch niemals an Gott glauben.

Swami Vivekânanda

Mut bedeutet, dafür einzustehen, woran du glaubst.

René Esteban Jiménez

Jeder Glaube, der dem Geld oder der Macht dient, nimmt Schaden an seiner Seele.

Stefan Zweig

Der Glaube ist das Gegenteil des Zweifels.

Søren Kierkegaard

Der Glaube ist für das Vorankommen des Menschen so unumgänglich nötig wie die Zugvorrichtung für den Wagen.

Konfuzius

Den Sprung in den Glauben kann mir niemand abnehmen.

Søren Kierkegaard

Ja, Gebete versetzen Berge; aber man muss glauben und nicht so beten, wie wir als Kinder gebetet haben, dass der Schnee zu Zucker werde.

Leo N. Tolstoi

Zu glauben ist schwer. Nichts zu glauben ist unmöglich.

Victor Hugo

Ein schöner Glaube beglückt und bessert und stellt wieder her, und ein schlimmer Argwohn verdirbt alles.

Theodor Fontane

Der Glaube an das Karma und die entsprechende Reinkarnation ist im Grunde vergleichbar mit dem Glaube an Himmel und Hölle. Wir wünschen uns eine gerechte Strafe für andere und hoffen auf Vergebung für uns.

Thomas Pfitzer

Die Atheisten reden über Sünden, dennoch glauben sie nicht an Gott.

Tarik Özbay

Die Wissenschaft nötigt uns, den Glauben an einfache Kausalitäten aufzugeben.

Friedrich Nietzsche

Das große unzerstörbare Wunder ist der Menschenglaube an Wunder.

Jean Paul

Skeptizismus ist der Anfang des Glaubens.

Oscar Wilde

Das Wort ist tot, der Glaube macht lebendig.

Friedrich Schiller

Glaube ist Wunderglaube, Glaube und Wunder absolut unzertrennlich.

Anselm Feuerbach

Zu Glauben ist wie sich dem Wasser anzuvertrauen. Wenn man schwimmt, haltet man das Wasser nicht fest, weil man sonst sinken und ertrinken würde. Stattdessen entspannt man sich und lässt sich treiben.

Alan Watts

Das Wunder ist das äußere Gesicht des Glaubens, der Glaube die innere Seele des Wunders.

Anselm Feuerbach

Printed by Books on Demand GmbH, Norderstedt / Germany